55
Lb 10

(Mq. pag. 73 & suiv.)

HISTOIRE

DE LA

PRÉSIDENCE.

Paris. — Imprimerie Gerdès, rue St-Germain-des-Prés, 14.

HISTOIRE

DE LA

PRÉSIDENCE

DE

LOUIS-NAPOLÉON BONAPARTE.

10 décembre 1848. — 31 mai 1850.

BIBLIOTHÈQUE NATIONALE IMPRIMÉS R.F.

PAR

ALBERT MAURIN.

PARIS,

LIBRAIRIE DE LA PROPAGANDE DÉMOCRATIQUE ET SOCIALE EUROPÉENNE,

RUE DES BONS ENFANTS, 1.

—

1851

PRÉFACE.

On l'a dit depuis longtemps : l'histoire est l'école des peuples.

L'*Histoire de la Présidence de Louis-Napoléon Bonaparte* sera la leçon de la France.

Ce point, tour à tour sombre et lumineux que la constitution de 1848 a placé sur l'horizon républicain, *mai* 1852, commence à se développer. Chaque jour, chaque heure, chaque minute nous rapproche d'un dénoûment redouté de quelques-uns, attendu par le grand nombre comme le signal de la commune délivrance.

A mesure que le temps marche, que l'espace se rétrécit, que la chaîne diminue d'un anneau, l'intérêt croît, les perplexités augmentent, et le peuple, bientôt à la veille de la péripétie, prêt à s'élancer vers ces urnes d'où sortira la grande, la légitime, la définitive solution du problème politique et social, armé de pied en cap comme la Minerve antique, le peuple, s'interrogeant dans un moment suprême d'angoisse, pèsera dans sa balance tous les faits et tous les hommes.

Le milieu du XIXe siècle est destiné à voir un phénomène que n'ont point offert une seule fois quarante siècles accumulés. Toujours les révolutions ont jailli impétueuses et formidables du sein de l'imprévu et de l'inconnu. Aujourd'hui c'est le prévu et le connu qui nous ouvriront les portes du progrès. Une échéance fixe a été donnée à la halte des institutions, et déjà une voix formidable s'élève : Marche ! marche ! L'heure du repos est écoulée ; celle du travail va sonner à l'horloge de la démocratie.

En vain les passions étroites et les intérêts égoïstes cherchent à nous faire une nuit sans aube ; en vain l'esprit du mal, planant sur notre belle France, s'écrie : *Que les ténèbres soient!* c'est la lumière, c'est la vérité qui jaillira, la vérité éblouissante et souveraine : soleil éclipsé pour un temps, elle poursuit sa course derrière la nuée, tandis que les hiboux votent sa suppression.

Dans quelques mois, aux termes de la Constitution, neuf millions de citoyens devraient se réunir pour confier l'exercice temporaire de leur souveraineté inaliénable et imprescriptible aux élus du suffrage universel ; mais aux termes de la loi, la loi fameuse du 31 mai, cinq millions seulement de citoyens sont appelés à formuler le vote.

Tout entière la situation est là, et non point ailleurs. Qui l'emportera de la Constitution ou de la loi ? Les lois sont respectables, mais les constitutions le sont-elles moins? et ne saurais-je faire des vœux pour la sincère pratique de la Constitution sans tomber aussitôt dans le mépris de la loi ?

Dans tous les cas, il est permis de supposer que ceux-là même qui ont rendu la loi, dans la plénitude d'une sagesse et d'une modération bien connues, peuvent encore, usant de la même sagesse et de la même modération, rapporter cette loi. Où donc en serions-nous, je le demande avec humilité à nos législateurs, si les lois étaient imprescriptibles et irréportables? Sans remonter bien haut, nous avions le code électoral de 1831, avec ses deux cent mille censitaires à 200 francs et ses colléges de cent cinquante électeurs; qu'est-il devenu?

Et si la Constitution l'emporte, si la loi du 31 mai est contrainte de se retirer légalement devant l'immense protestation de la conscience publique, n'est-il pas raisonnable alors de penser que le suffrage universel sera pour ceux qui auront défendu la Constitution, contre ceux qui l'ont... mon Dieu, je ne veux ni ne dois dire violée; qui l'ont..... interprétée avec trop de légèreté.

C'est à cette situation que mon écrit s'adresse pour l'éclairer; il aidera à l'œuvre solennelle, féconde et réparatrice de 1852. Je me suis dit qu'il ne fallait pas qu'au mois de mai prochain il y eût, sur le territoire de la république, de Perpignan à Boulogne et de

Philippe et le gouvernement personnel. L'ex-roi, sa cour, ses ministres et ses conseillers ont disparu. Quatre partis restent en présence : ceux qui veulent une régence, ceux qui veulent le retour de la branche aînée, ceux qui veulent une restauration impériale, ceux qui veulent la République. Sus dans l'arène et que chacun prenne son fusil! La guerre civile décidera. »

Mais encore, pour que le gouvernement provisoire publiât une semblable proclamation et donnât à l'Europe, au XIXe siècle, le spectacle impie d'une telle démence, eût-il fallu que les bonapartistes, que les légitimistes, que les régentistes eussent protesté en faveur de leur principe, qu'ils eussent fait sur les barricades de Paris ou dans les municipalités départementales, à la nouvelle de la Révolution, acte de présence et de virilité. Sans cela, nous sommes forcés d'admettre que, s'il n'y avait ou ne paraissait y avoir en France que des républicains, les 24, 25, 26 février et jours suivants, une seule chose était possible, morale, nationale, populaire : la République. Voyons de près les événements et les partis.

L'opposition orléaniste, qui avait imaginé, préparé, entrepris, achevé la campagne fameuse des Banquets, réclamait dans ces réunions un ensemble de réformes tel que, pour tout homme de bon sens, la réalisation de ces réformes équivalait à l'établissement d'une république. M. Guizot, qui connaissait le tempérament d'une monarchie représentative et savait ce qu'elle pouvait porter de liberté, n'avait pas manqué de le faire dire par le *Journal des Débats.*

Ainsi,

M. Léon Faucher demandait la réforme électorale. (Banquet de Reims.)

M. Desmaisons-Henriot, la réforme administrative. (Idem.)

M. Odilon Barrot, la réforme des mœurs politiques (banquet de Soissons), et la réforme électorale. (Banquet d'Avesnes.)

M. Jules Lasteyrie, la réforme du budget. (Banquet de Forges.)

M. Corne, la réforme de l'esprit public. (Banquet de Saint-Quentin.)

M. Duvergier de Hauranne, la réforme électorale et parlementaire. (Banquet de la Charité-sur-Loire.)

M. Vavin, la réforme de la diplomatie, la réforme de l'indépendance polonaise et italienne. (Banquet de Melun.)

M. Raimbault, la réforme financière. (Banquet de Chartres.)

En présence de M. Odilon Barrot, de son prédécesseur à la chambre, M. Coulman, ex-député du Bas-Rhin, de MM. Duvergier de Hauranne, Barillon, Gustave de Beaumont, Bethmont, Levavasseur, Lefort-Gonsolin, Desjobert, Drouyn de Lhuis, Beaumont (de la Somme), Garnon, Vavin, Isambert, Donatien Marquis et de cent autres députés de la gauche et du centre gauche, porte-flambeaux de l'opposition dynastique, les orateurs des banquets buvaient : aux classes laborieuses, aux institutions qui devaient leur faire obtenir l'éducation, le bien-être et les droits dont elles étaient privées (banquet de Rouen); aux ouvriers, à l'émancipation des travailleurs, à l'affranchissement, à la fraternité des peuples (banquet de Saint-Denis); à la Suisse libérale (lisez radicale, car en Suisse il n'y a que deux termes : radicalisme et jésuitisme); à la souveraineté du peuple, à la réforme sociale (banquets de Loudéac et de Valenciennes); à l'organisation progressive de la fraternité dans l'humanité (banquet de Saint-Quentin); à l'organisation du travail (banquets de Colmar et de Strasbourg).

Tout cela, répétons-le, se produisait aux yeux ébahis des classes moyennes, seuls hôtes des banquets réformistes, sous le patronage de MM. Odilon Barrot, Duvergier de Hauranne et Léon Faucher; et lorsque ces honorables députés orléanistes eurent suffisamment promené leur programme de club en club, lorsqu'ils eurent répété à satiété que le gouvernement de Louis-Philippe était un gouvernement de repus et de corrompus; que toute institution viciée dans son essence, tarée dans son exercice, sollicitait une réforme radicale; lorsque leur voix, passant au-dessus de la tête de la bourgeoisie, s'en fut réveiller le prolétariat, quoi de plus naturel qu'à ceux qui lui disaient : *Réforme*, le peuple ait répondu : *République!*

Et n'était-ce pas encore M. Odilon Barrot, au nom de ses amis, qui jetait ces paroles à MM. Guizot, Hébert et Duchâtel, le 8 février 1848 : « Polignac et Peyronnet n'ont jamais fait pis que vous! »

Or, s'ils n'avaient jamais fait pis qu'eux, leur fin devait être commune, et avec eux la fin de la dynastie qu'ils servaient.

Nous comprenons maintenant pourquoi l'opposition dynastique, après avoir essayé d'établir une régence, le 24 février au matin, laissa proclamer le soir la République sans protestation. La logique parlait plus haut que ses répugnances : elle lui commandait de se taire.

Quant aux légitimistes, leur haine de la dynastie de juillet, les rancunes de 1830 et de 1832 leur firent accepter d'abord avec joie l'avénement de la République, non point en vue de ce qui se fondait, mais en considération de ce qui tombait. Quel est celui d'entre eux d'ailleurs, et je n'en excepte pas M. de Larochejaquelein, qui eût alors osé proposer

Henri V et le drapeau blanc, je ne dis pas sur les barricades de la rue Saint-Denis, mais dans les rues de Nîmes, dans les quartiers du vieux Marseille ou sur les bords de la Loire?

Restaient les bonapartistes.... D'abord, y avait-il des bonapartistes en 1848? Sans doute, dans les rangs de la bourgeoisie comme dans ceux des prolétaires, se trouvaient de nombreux admirateurs, ajoutons des admirateurs superficiels, des gloires de l'empire; puis quelques vieux soldats, quelques anciens serviteurs du régime de 1804, fidèles au culte des souvenirs. Mais, chose à noter aujourd'hui, une voix, une seule, s'éleva-t-elle le 24 février pour faire entendre le nom d'un Bonaparte? Une voix, une seule, essaya-t-elle de jeter aux masses le nom de Napoléon II? En juillet 1830, M. le colonel Dumoulin s'étant rendu à l'Hôtel-de-Ville pendant que s'installait la commission municipale, eut un instant l'idée singulière de proclamer l'empire à lui tout seul. Un aide-de-camp de Lafayette, M. Carbonnel, l'ayant alors invité poliment à se rendre dans une salle reculée, sous prétexte d'écouter ses ouvertures, le mit sous clef pour vingt-quatre heures, et la conspiration impériale fut étouffée entre deux portes. Il n'y avait qu'un homme qui pût renouveler à Paris, en 1848, la tentative du colonel Dumoulin, sans plus de succès, mais peut-être avec moins de ridicule. Le général Piat, connu pour ses relations avec le prince Charles-Louis-Napoléon Bonaparte, pénétra dans l'Hôtel-de-Ville à la tête d'une forte colonne d'ouvriers, et contribua modestement à l'avénement de la République.

Cependant le prince Louis Bonaparte voyait enfin s'ouvrir devant lui ces portes de la patrie que deux fois il avait tenté de briser, à Strasbourg et à Boulogne, où, le *sénatus-consulte* de l'an XIII d'une main, et de l'autre le pistolet qui défigura le grenadier Geoffroy, il revendiquait l'héritage hypothétique de son oncle. Le prince Louis Bonaparte quitta l'Angleterre pour se rendre à Paris. C'était, pour le parti bonapartiste, le moment opportun de se montrer et d'agir; mais ce parti n'existait pas encore, même à l'état de faction. Le fils d'Hortense Beauharnais ne rencontra dans la capitale que des sympathies isolées et sans éclat; sur l'*invitation* du gouvernement provisoire, il reprit le chemin de Londres, « préférant, disait-il, sacrifier même le « bonheur d'être en France à l'idée de nuire même « en quoi que ce fût à l'affermissement d'un gou- « vernement qui devait recevoir sa force de la « libre élection de la nation (1). »

Ces scrupules étaient honorables; mais pourquoi ne durèrent-ils tout juste que le temps employé

(1) Lettre au général Piat du 16 mars.

par quelques impatients à préparer au vaincu de Strasbourg une scène et des comparses?

Ainsi, la République seule, répétons-le, était hautement avouée le lendemain des journées de février. Les orléanistes conservateurs avaient été dispersés par la trombe révolutionnaire, on n'en parlait plus; les bonapartistes, on n'en parlait pas encore; les orléanistes progressifs, complices du mouvement inouï qui emportait la nation, avaient encore la pudeur de ne point désavouer la conséquence de leur opposition de dix-huit années et de leur propagande révolutionnaire de dix-huit mois. Quelques-uns même, ralliés au nouveau gouvernement, s'étaient fait nommer commissaires par M. Ledru-Rollin, pratiquant, sans protester, ces circulaires contre lesquelles devait plus tard s'allumer leur vertueuse indignation. Les légitimistes couraient les clubs, parlaient bien haut des droits du peuple, et se consolaient tout bas de saluer la déesse Liberté et son bonnet phrygien, en voyant dans l'égout des Tuileries la couronne du protecteur de Mme de Feuchères. Et d'ailleurs, le premier acte des hommes de l'Hôtel-de-Ville n'avait-il pas été de détruire tous les priviléges politiques, d'établir le suffrage direct et universel? Neuf millions de citoyens, dans quelques semaines, allaient ratifier ou rectifier par leurs délégués l'établissement de la République et décider entre le gouvernement de Henri V, le gouvernement du comte de Paris, le gouvernement de Napoléon II et le gouvernement du Peuple.

L'Assemblée se réunit le 4 mai. Il y avait là, parmi ces neuf cents représentants du suffrage universel, des royalistes blancs et des royalistes bleus, des nobles, des évêques, des curés de la Vendée et de la Bretagne, des moines en costume... et des républicains. M. Berger, représentant de la Seine, orléaniste depuis et même avant 1830, monte à la tribune. Que va-t-il proposer?

— Messieurs,..... citoyens, dit-il en se reprenant, au nom de quelques députés de la Seine...

M. Ledru-Rollin l'interrompt : « Dites au nom de *tous* les députés de la Seine. »

— Je propose à l'assemblée, poursuit M. Berger, *la proclamation de la République*. Que la France, que le monde entier sache que la République est et restera la forme de gouvernement du pays. Que cette journée soit vraiment la fête de la concorde et de la fraternité. »

D'immenses applaudissements accueillent cette motion. Au même instant des flots de peuple ondulaient autour de la nouvelle salle des séances et du palais législatif, sur la place et dans la rue de Bourgogne, sur les quais, sur le pont, sur la place de la Concorde, qui fut une seconde fois baptisée de son nom par l'ivresse et la fraternité communes.

Un enthousiasme universel agitait les masses, et c'était, du peuple à ses représentants, une sorte de courant électrique qui faisait battre tous les cœurs à l'unisson, qui agitait toutes les âmes d'une même pensée, qui versait les mêmes effluves sur toutes les têtes et dans tous les esprits. La France avait eu sa nuit du 4 août, nuit à jamais célèbre, nuit de gloire et de consolation, où les vieux priviléges, l'aristocratie du donjon et de l'autel, brûlèrent leurs parchemins et déchirèrent leurs chartes féodales. La journée du 4 mai semblait la matinée splendide de cette nuit-là; et, de même qu'aux flambeaux du 4 août 1789 pas un noble, pas un prélat, pas un comte, pas un duc, pas un marquis, pas un archevêque ne se leva des rangs de l'aristocratie pour s'écrier : « Je suis aristocrate et je repousse la démocratie! » de même au soleil du 4 mai 1848 pas un royaliste, et il y en avait Dieu sait combien dans cette assemblée, ne se leva pour s'écrier : « Je suis royaliste et je vote contre la République! » Ah! pour l'honneur de la France, pour l'honneur de cette terre de la patrie toujours féconde en loyauté, en courage, en franchise, ne disons point que la peur, la couardise, la lâcheté, furent les divinités honteuses de cette journée, et que les bouches mentirent pendant que les consciences se parjuraient. Disons plutôt qu'il y a de ces heures dans la vie des nations où la vertu, longtemps éclipsée par les intérêts et les passions, brise tout à coup les nuages, s'empare de l'espace, règne en souveraine, et pour quelques instants inonde toutes les intelligences de sa douce et pure lumière. Heures précieuses, que ne sonnez-vous de nouveau sur notre chère France ?

A l'unanimité, l'Assemblée nationale adopta cette proclamation :

« L'Assemblée nationale,

« Fidèle interprète des sentiments du peuple qui vient de la nommer,

« Avant de commencer ses travaux,

« Déclare, au nom du Peuple français et à la face du monde entier, que la RÉPUBLIQUE, *proclamée le 24 février* 1848, est et restera la forme du gouvernement de la France.

« La République que veut la France a pour devise : *Liberté, égalité, fraternité.*

« Au nom de la patrie, l'Assemblée conjure tous les Français de toutes les opinions d'oublier d'anciens dissentiments, de ne plus former qu'une seule famille. Le jour qui réunit les représentants du peuple est pour tous les citoyens la fête de la concorde et de la fraternité !

« Vive la République ! »

Alors, et comme si ce n'était point assez, l'assemblée tout entière se lève dans une émotion indicible. Les portes de la salle sont ouvertes, et tous, en procession, se tenant par le bras, se rendent sur les grandes marches du palais. Un océan d'hommes ondulait au loin dans toute la majesté des grandes mers, frémissant dans son calme même. On réunit les drapeaux de l'armée et ceux de la garde citoyenne ; les tambours battent aux champs ; les têtes se découvrent, un silence religieux se fait, et la voix du vénérable Audry de Puyraveau proclame l'avénement de la République du 24 février. Un tonnerre d'applaudissements et de cris d'ivresse roule dans les airs. L'Assemblée défile ensuite au milieu des gardes nationaux et du peuple, et des mains durcies par le travail de l'atelier pressent en passant la main des représentants de la France démocratique.

Étrange destinée !... quand la République existait seulement en vertu d'un décret émané de quelques hommes portés au pouvoir dans une crise et qu'une crise pouvait engloutir, quand le régime républicain n'était qu'un *fait*, personne ne l'avait contesté. Les anciens partis se relevèrent pour l'attaquer précisément à dater du jour où il devint un *droit*.

L'Assemblée nationale s'était constituée. Tous les pouvoirs de ses membres avaient été vérifiés ; et, fait digne de remarque, elle avait annulé l'élection d'un sieur Schmith, chef de division au ministère des cultes, membre du conseil d'État et décoré de la Légion d'honneur, qui, ayant usurpé dans sa profession de foi électorale la qualité d'ouvrier, avait été nommé comme « ouvrier. » Tel était à cette époque l'entraînement des esprits vers les idées d'égalité et d'effacement des classes! Trois autres élections soulevaient une question grave. La révolution de 1848 avait-elle abrogé virtuellement toutes les lois de proscription rendues successivement par les deux monarchies, et les membres de la famille Bonaparte, frappés d'exil par les chambres de 1816 et de 1832, pouvaient-ils rentrer en France et jouir des droits de citoyen?

La Corse avait envoyé à l'Assemblée nationale deux membres de cette famille, Napoléon Bonaparte, fils de Jérôme, et Pierre-Napoléon Bonaparte, fils de Lucien. L. Murat, fils de Joachim Murat, venait également du Lot, avec une imposante majorité de suffrages, porté en tête de la liste... Ces trois représentants avaient été admis; mais cette admission impliquait-elle la rentrée légale en France des autres Bonaparte? Et la branche cadette? et le comte de Chambord?

Déjà le gouvernement provisoire semblait avoir tranché la question, au mois de mars précédent, en établissant des catégories et des distinctions; toutefois il n'avait alors considéré que les intérêts immédiats de la tranquillité publique. L'*invitation* qu'il avait adressée au prince Louis-Napoléon de quitter le territoire était un de ces actes arbitraires que justifie, dans un temps de crise révolutionnaire, la gravité même des circonstances, mais qui ne préjugent rien sur la légalité.

Sans doute la République devait avoir un autre système que celui de la monarchie, et le gouvernement du Peuple pouvait répudier ces vieilles traditions des royautés qui ne vivent que par le silence forcé de leurs adversaires et par l'exil des dynasties déchues. Mais je l'ai dit ailleurs (1), ces lois de proscription, que le peuple n'a point inventées et qui lui viennent des rois, sont inhérentes au régime qui prend sa base dans l'autorité; et tant que cette base ne sera pas changée, tant que le pouvoir d'en haut, qu'il soit confié à un homme ou à plusieurs, qu'il soit omnipotent ou limité, qu'il s'appelle monarchie ou République, aura la prétention de diriger, de prendre l'initiative du bien ou du mal, du progrès ou de la résistance; tant que ce Sinaï, des hauteurs duquel descendit la parole du commandement, continuera d'être le symbole de la puissance supra-sociale; tant que les peuples ne seront pas rentrés dans la plénitude de leurs droits, il faudra que les peuples

(1) *Histoire de la chute des Bourbons.*

**

se contentent d'une vérité relative et prennent des mesures brutales pour diminuer le nombre de leurs oppresseurs et des prétendants à la tyrannie.

La question vint dans les bureaux de l'Assemblée vers les derniers jours du mois de mai. Quelques membres proposaient de maintenir la loi d'exil contre un des membres de la famille impériale, le seul qui eût essayé de faire valoir les droits prétendus de cette famille au gouvernement de la France. Une lettre de celui qui devait être l'objet de cette mesure fut alors adressée au président, M. Sénard. Il faut la citer tout entière; les termes en sont précieux aujourd'hui :

A L'ASSEMBLÉE NATIONALE.

Londres, le 24 mai 1848.

« Citoyens représentants,

« J'apprends par les journaux du 22 que l'on a proposé, dans les bureaux de l'Assemblée, de maintenir contre moi seul la loi d'exil qui frappe ma famille depuis 1816. Je viens demander aux représentants du peuple pourquoi je mériterais une semblable peine. Serait-ce pour avoir toujours publiquement déclaré que, dans mes opinions, la France n'était l'apanage ni d'un homme, ni d'une famille, ni d'un parti? Serait-ce parce que, désirant faire triompher sans anarchie ni licence le principe de la souveraineté nationale, qui seul pouvait mettre un terme à nos dissensions, j'ai deux fois été victime de mon hostilité contre le gouvernement que vous avez renversé ?

« Serait-ce pour avoir consenti, par déférence pour le gouvernement provisoire, à retourner à l'étranger après être accouru à Paris au premier bruit de la révolution? Serait-ce enfin pour avoir refusé, par désintéressement, les candidatures à l'Assemblée qui m'étaient proposées, résolu de ne retourner en France que lorsque la nouvelle constitution serait établie et la république affermie?

« Les mêmes raisons qui m'ont fait prendre les armes contre le gouvernement de Louis-Philippe me porteraient, si on réclamait mes services, à me dévouer à la défense de l'Assemblée résultat du suffrage universel.

« En présence d'un roi élu par deux cents députés, je pouvais me rappeler être l'héritier d'un empire fondé sur l'assentiment de quatre millions de Français; en présence de la souveraineté nationale, je ne peux ni ne veux revendiquer que mes droits de citoyen français. Mais ceux-là, je les réclamerai sans cesse, avec l'énergie que donne à un cœur honnête le sentiment de n'avoir jamais démérité de la patrie.

« Votre concitoyen,

« NAPOLÉON-LOUIS BONAPARTE. »

La motion n'eut pas de suite, et l'assemblée, au milieu des embarras qui naissaient chaque jour au dehors et au dedans de son enceinte, oublia pour le moment le fils d'Hortense Beauharnais.

Aux éléments d'agitation que des événements extraordinaires avaient jetés sur la place publique, la convocation partielle des assemblées électorales vint, au mois de juin, apporter son contingent. Paris avait à nommer onze représentants par suite de doubles élections, et les urnes devaient s'ouvrir le 8. Déjà, il faut le dire, la capitale n'offrait plus ce grand spectacle d'un peuple unanime dans sa pensée. Ce n'est point impunément qu'une nation de trente-cinq millions de citoyens passe tout à coup du régime du monopole et du gouvernement par les privilégiés, à l'exercice des droits politiques étendu à tous, des colléges de censitaires au suffrage universel; et si quelque chose doit nous étonner, c'est que dans cette brusque et profonde transition, lorsque tout les invitait à prendre une revanche des dénis de justice qu'ils avaient soufferts pendant de si longues années, les prolétaires aient montré, dans leur ensemble, tant de modération et de sage réserve. Il n'en est pas moins vrai que, dans ces profondeurs sans lumière et sans nourriture intellectuelle où la monarchie du droit divin et celle de 1830 avaient maintenu la grande majorité des travailleurs, dans ces limbes sociaux qui attendaient encore leur Christ, toutes les colères, toutes les impatiences, toutes les plaintes légitimes et les brûlantes aspirations, tous les justes griefs n'avaient point encore été éteints par la proclamation de la République; l'ignorance de quelques-uns, qui ne comprenaient point tout ce qu'il y avait de promesses et de certitude d'avenir dans le merveilleux instrument que leur avait donné le gouvernement provisoire pour se régénérer, s'irritait contre ce suffrage universel dont les fruits précoces, hélas! semblaient la plupart rongés par le ver du royalisme.

Sur ce terrain, si malheureusement disposé pour les conflits prochains, les paroles de paix et de conciliation ne descendaient plus; à la rosée du 4 mai avait succédé une pluie de feu. Les orléanistes et les légitimistes commençaient à se reconnaître, et les chefs de partis remplissaient leurs journaux de provocations. Eux-mêmes les républicains s'étaient fatalement divisés : ici, ceux que préoccupaient surtout les théories politiques; là, ceux qui pensaient que la Révolution de février, étant essentiellement sociale, ne pouvait point s'arrêter aux formes du gouvernement, mais devait encore pénétrer au cœur de la société pour faire disparaître les derniers vestiges de la servitude, effacer et confondre toutes les classes dans une complète égalité. De funestes malentendus surgissaient au sein de la démocratie, et la journée du 15 mai venait de rouvrir l'ère des proscriptions.

A Paris, trois listes de candidats représentaient d'une manière exclusive et sans mélange les trois camps : celle des royalistes, patronnée par *le Constitutionnel* et les anciennes feuilles dynastiques; celle des républicains purs, publiée par *le National;* celle des républicains socialistes, soutenue avec vigueur par les organes de l'opinion nouvelle, *le Représentant du Peuple, la République, la Vraie République*, etc.

A côté de ces trois listes, un nom surgit soudain, sans appui officiel, sans patronage avoué. Il s'annonce ainsi sur les murs de Paris : « Louis-Napo-« léon ne demande qu'à être représentant du peu-« ple. Il n'a pas oublié que Napoléon, avant d'être « le premier magistrat de la France, en fut le pre-« mier citoyen. »

Que signifiait donc cette lettre du 24 mai, où Louis Bonaparte déclarait qu'il avait refusé toute candidature, et qu'il était résolu à ne rentrer en France qu'après l'établissement de la constitution?

Aussitôt Paris s'agite, comme soulevé par un vent souterrain. Chaque soir, sur les boulevards, aux portes Saint-Denis et Saint-Martin, des groupes stationnent, tumultueux, menaçants, des clameurs se font entendre, des discussions orageuses s'y tiennent, et des cris de *vive Napoléon!* se mêlent aux acclamations que poussent des ouvriers en l'honneur de quelques citoyens chers à la démocratie. Des agents d'un comité occulte parcourent les groupes; ils colportent l'apologie du candidat. « Louis-Napoléon, disent-ils aux prolétaires, est « un républicain sincère; deux fois il a joué sa vie « et pris les armes pour renverser Louis-Philippe. « Dans l'exil, la captivité, ses loisirs ont été consa- « crés à l'étude de la science sociale; les souffrances « du peuple, la misère et l'oppression des travail- « leurs ont rempli ses veilles. Pour l'heure voulue, « il tient en réserve un système complet qui doit « anéantir tous les antagonismes, concilier tous « les intérêts, soulager toutes les souffrances, ac- « croître la prospérité publique, diminuer les im- « pôts et rendre à la France, avec la gloire de « 1804, la liberté de 1792. »

Un centre d'action et de propagande bonapartiste était établi. Des tentatives d'embauchage avaient eu lieu, non sans réussite; car, dans une ville où toutes les existences déclassées se donnent rendez-vous, il n'est que trop vrai malheureusement que la misère et la faim font des soldats à toutes les causes. De l'argent était distribué; le vin coulait dans les cabarets de la banlieue; des pamphlets, des journaux napoléoniens étaient fondés pour préparer mieux qu'une candidature à l'assemblée, une candidature à la présidence (1).

Je ne veux pas dire que M. Louis Bonaparte, qui était en ce moment à Londres, fût l'instigateur et le complice de ces faits. A Dieu ne plaise que nous fassions remonter jusqu'au neveu du martyr de Sainte-Hélène des intrigues de bas étage et des manœuvres de carrefour! C'est le triste et nécessaire privilége de ceux qui ont le malheur de porter un nom dynastique, d'attirer autour d'eux et malgré eux, je le veux bien, les complots de la meute avide de places. Les grands prétendants sont la proie fatale des petits prétendants, et ce n'est point d'aujourd'hui que des ambitions à la suite, des convoitises de portefeuilles, de préfectures, de bureaux et d'écharpes de toutes les couleurs, suppléant à la faiblesse des moyens individuels par le complot, se seraient unies pour faire un roi, un empereur, un président, afin de se partager les miettes d'un budget. Donc, M. Louis-Napoléon Bonaparte subissait les inconvénients de sa situation, et c'est une situation qui nous occupe.

Une mesure impopulaire présentée par la commission exécutive à l'Assemblée nationale et adop-

(1) Une *instruction* eut lieu à cette époque où tous ces faits sont constatés. Voyez au *Moniteur* le discours prononcé à l'Assemblée, le 13 juin, par M. Ledru-Rollin, membre de la commission exécutive.

BIBLIOTHÈQUE NATIONALE R. F.

1851

tée par celle-ci, le 7 juin, acheva d'irriter les masses et de les faire se tourner vers l'inconnu. Une loi fut votée contre les attroupements, accompagnée de sévérités excessives. Le lendemain, deux cent mille électeurs se rendaient dans les sections, et le nom de Louis-Napoléon sortait le huitième de l'urne, avec ceux de MM. Caussidière, Moreau, Goudchaux, Changarnier, Thiers, P. Leroux, Victor Hugo, Lagrange, Boissel et Proudhon. M. Caussidière avait obtenu 146,400 voix; Pierre Leroux, 91,375. Louis-Napoléon n'avait eu que 84,420 voix. Mais trois autres départements le proclamaient en même temps : l'Yonne, la Sarthe et la Charente-Inférieure.

Était-ce un élément nouveau au milieu des anciens partis? Dans cette quadruple élection fallait-il voir autre chose que les sentiments qui avaient porté, au mois d'avril, les électeurs de la Corse à nommer MM. Napoléon et Pierre-Napoléon Bonaparte? Sans doute la presque unanimité des citoyens qui venaient de donner leur suffrage à l'ancien conspirateur de Strasbourg et de Boulogne n'avaient pas songé un instant aux droits prétendus de leur candidat, invoqués par lui sous le gouvernement déchu; le sénatus-consulte de l'an XIII, par lequel Napoléon Bonaparte, à défaut d'héritiers directs, faisait passer sa ligne de succession dans la descendance de son frère Louis, était parfaitement inconnu du peuple, dans les graves intérêts de la France démocratique, et qui l'eût exhumé de la poussière des archives nationales eût provoqué un immense éclat de rire.

Il n'y avait pas encore de parti bonapartiste, et des voix données à Louis-Napoléon, beaucoup appartenaient à des opinions déclassées, trompées ou cauteleuses. Ainsi, il est indubitable que des ouvriers avaient voté pour lui, par ce naïf entraînement des hommes du peuple vers tout ce qui se colore d'un reflet d'honneur et de gloire. Il faut dire encore que les travaux d'économie sociale auxquels s'était livré le prisonnier de Ham avaient été répandus par lambeaux dans les masses, avec une habileté remarquable. Dans les ateliers, dans certains clubs, dans un grand nombre de sociétés, il passait pour un *socialiste;* et si, depuis, l'élu du 10 décembre s'est donné beaucoup de mal pour détruire cette opinion dans les masses, pour rentrer dans le sein de l'*économie politique,* il est juste de reconnaître qu'auparavant il avait pris autant de peine pour l'établir sans réplique. Aussi tous les journaux démocratiques sans exception avaient en vain combattu son élection : quelques-uns de leurs lecteurs avaient introduit son nom dans les listes où figuraient Proudhon, Pierre Leroux et Lagrange. Les journaux royalistes, de leur côté, ne l'avaient point patronné, mais un grand nombre de royalistes avaient également placé Louis-Napoléon entre M. Thiers et M. Boissel, à cette seule fin d'embarrasser la république naissante, et d'opposer aux membres de la commission exécutive, trop républicaine encore à leurs yeux, un concurrent redoutable. « Cet homme sera dangereux pour la commission exécutive, j'en suis convaincu, » dira quelques jours après, à la tribune de l'Assemblée, M. Fresneau, dévoilant ainsi la pensée secrète de certains électeurs, et cet aveu restera acquis à l'histoire.

Le Constitutionnel s'exprima dans les termes suivants sur cette élection : « On ne s'explique pas le succès inattendu du *citoyen* Bonaparte. Nous ne rappellerons pas tous les bruits qu'on a répandus. La conduite ultérieure que tiendra le nouvel élu nous expliquera l'énigme de sa candidature. » Et revenant avec insistance sur ce sujet, le même journal, dans un numéro suivant, cherchait à insinuer que M. Louis-Napoléon Bonaparte avait été nommé exclusivement par les républicains. Il établissait son opinion sur ce calcul, à savoir, que « le prince avait obtenu à peu près le même nombre de voix que Pierre Leroux, Lagrange et Proudhon. »

A quoi une feuille démocratique, repoussant de toutes ses forces, au nom de son parti, le nouvel élu, répliquait avec raison : « Nous répondrons par le même argument avec la liste : Thiers 97,000; Bonaparte 84,000; Boissel 77,000. »

Ainsi ballotté entre les deux camps, posé ici comme un démagogue, là comme un royaliste, servant chaque soir sur la place publique de prétexte à des démonstrations tumultueuses, M. Louis-Napoléon Bonaparte attendait à Londres, avec anxiété, le moment de rentrer en France. De Paris, ses correspondants lui apprenaient heure par heure l'état des esprits. Les uns lui conseillaient de venir tout de suite, de prendre sa place sur les bancs de l'Assemblée, de se couvrir de l'inviolabilité du représentant, avant que la commission exécutive eût adopté quelque mesure de salut public; les autres, et c'était la majorité, lui écrivaient de suspendre son départ, d'attendre des temps plus calmes. Ceux-là lui disaient que les circonstances étaient périlleuses et qu'il y aurait un danger réel à se placer ainsi sous la main d'un pouvoir jaloux d'une naissante popularité. Qui sait, ajoutaient-ils, si la commission exécutive, aussitôt votre arrivée, ne trouvera pas dans l'émotion des masses, dans une de ces heures d'agitations si fréquentes en ce moment, un incident pour vous compromettre? Le bonapartisme pouvait avoir son quinze mai comme la république sociale. Il y avait encore ce calcul, que l'exil ainsi prolongé passerait auprès du peuple pour un acte de patriotisme.

Ces arguments l'emportèrent, et tout un plan de conduite en fut déduit. On croyait toutefois dans le public que M. Louis Bonaparte s'empresserait de venir siéger, et chaque jour le bruit courait de son arrivée. Alors la foule des curieux se pressait aux portes du palais législatif; des amis trop zélés poussaient des clameurs anarchiques; des bruits absurdes étaient semés par des agents. Tantôt c'était un régiment de cavalerie qui s'était insurgé aux cris de *Vive Napoléon!* et qui marchait sur Paris; puis, la banlieue qui se levait et descendait en masse pour proclamer un empereur. La commission exécutive finit par s'alarmer de cette situation. Dans un conseil, où furent appelés les ministres, elle se décida pour une mesure extrême. Une loi existait, nous l'avons dit, non-encore abrogée, rendue, en 1816, par la restauration, renouvelée, en 1832, par le gouvernement de juillet, frappant d'exil tous les membres de la famille impériale. M. Lamartine se chargea de porter à l'Assemblée une déclaration annonçant que la commission était décidée à l'exécuter, dans toute sa rigueur, contre celui dont le nom couvrait des actes hostiles à la République. Mais il commit la faute immense de chercher une mise en scène à cette mesure qui portait avec elle toute sa gravité.

Le 10 juin, un représentant avait interpellé le ministre de la guerre sur une prétendue manifestation militaire. Un régiment arrivant à Troyes, reçu par la garde nationale aux cris de *Vive la République!* lui aurait répondu par le cri de *Vive Louis-Napoléon!* Le ministre de la guerre monte à la tribune, et d'une voix énergique :

« Loin de moi, dit-il, la pensée d'accuser un concitoyen. Je crois l'homme innocent; mais je voue à l'exécration publique quiconque oserait porter une main sacrilége sur les libertés de la patrie. »

Frémissante, l'Assemblée se lève et se laisse entraîner tout entière au cri de *Vive la République!*

« L'histoire, ajoute M. de Cavaignac, réserve plus de gloire au citoyen modeste qui, fidèle à son devoir, travaillera à la prospérité de la patrie, qu'au malheureux ambitieux qui spéculerait sur ses souffrances et sur l'anarchie! »

Deux jours après, les avenues du palais de l'Assemblée nationale étaient encombrées d'une foule nombreuse et de groupes qui, semblant obéir à un mot d'ordre, disaient hautement qu'ils attendaient l'arrivée du « prince Louis » pour lui faire une ovation. On discutait une proposition relative aux associations ouvrières. La séance avait été suspendue, lorsque tout à coup une vive émotion se manifeste parmi les représentants. On dit que, sur la place de la Concorde, une collision fatale vient d'avoir lieu, que le sang a coulé. M. Lamartine accourt, s'élance à la tribune.

« Pendant que nous cherchions les garanties que nous voulons donner à la moralisation et à la paix publiques, dit-il, plusieurs coups de feu étaient tirés, l'un sur le commandant de la garde nationale, l'autre sur un officier de l'armée, le troisième sur la poitrine d'un garde national, au cri de *Vive l'empereur Napoléon!*

« C'est la première goutte de sang qui ait taché notre révolution... Si, aujourd'hui, nous avons eu la douleur d'en voir répandre, c'est au nom d'une ambition tristement, sinon volontairement, mêlée à de coupables manœuvres.

« En déplorant avec vous cette malheureuse collision, le gouvernement n'a pas le tort de ne s'être pas armé contre de tristes éventualités. Ce matin même, une heure avant cette séance, nous avions préparé une déclaration que l'événement nous force à vous lire à l'instant même. Quand la conspiration est prise en flagrant délit, la main dans le sang français, la loi doit être votée par acclamation. »

Et M. Lamartine donne lecture de la délibération suivante :

« La commission du pouvoir exécutif, vu :

« L'article 4 de la loi du 12 janvier 1816 et les articles 1, 2 et 6 de la loi du 16 avril 1832;

« Considérant que Charles-Louis-Napoléon Bonaparte est compris dans la loi de 1832 qui exile du territoire français les membres de la famille Bonaparte :

« Considérant que, s'il a été dérogé de fait à cette loi par le vote de l'Assemblée nationale qui a admis trois membres de cette famille à faire partie de l'Assemblée, cette dérogation individuelle ne s'étend ni de droit ni de fait aux membres de cette famille;

« Considérant que la France veut garder en paix et ordre le gouvernement républicain populaire, sans être troublé par les prétentions ou par les ambitions dynastiques de nature à former des partis ou des factions dans l'État, et par suite à fomenter, même involontairement, des guerres civiles ;

« Considérant que Charles-Louis-Napoléon Bonaparte a fait deux fois acte de prétendant en revendiquant une république avec un empereur, c'est-à-dire une république dérisoire, au nom du sénatus-consulte de l'an XIII;

« Considérant que des agitations attentatoires à la République populaire que nous voulons fonder, compromettantes pour la sûreté des institutions, pour la paix publique, se sont déjà révélées au nom de Charles-Louis-Napoléon Bonaparte ;

« Considérant que ces agitations, symptômes de manœuvres coupables, pourraient acquérir une importance dangereuse à l'établissement pacifique d'une république, si elles étaient autorisées par l'indulgence, par la négligence ou la faiblesse du gouvernement ;

« Considérant que le gouvernement ne peut accepter la responsabilité des dangers que courraient la forme républicaine, les institutions et la paix publique, s'il manquait au premier de ses devoirs en n'exécutant pas les lois existantes, justifiées plus que jamais, pendant un temps indéterminé, par la raison d'État et le salut public ;

« Déclare :

« Qu'il fera exécuter, en ce qui concerne Charles-Louis-Napoléon-Bonaparte, la loi de 1832, jusqu'au jour où l'Assemblée nationale en aura autrement décidé. »

Cette proposition inattendue soulève une longue agitation. M. Lamartine ajoute : « Nous ne laisserons jamais la France se salir au nom du plus glorieux souvenir. » On renvoie à la séance suivante la discussion sur le projet de décret.

Le soir, il y eut dans Paris beaucoup de mouvement. Des groupes épais couvraient les boulevards, la place de la Concorde, la place de l'Hôtel-de-

Ville. De fortes patrouilles essayèrent de dissiper les attroupements, et quelques meneurs bonapartistes furent arrêtés, au moment où ils excitaient la foule à pousser le cri de : *Vive Napoléon !* Plusieurs citoyens, qui essayaient de discuter avec ces énergumènes, et de leur prouver que la République n'avait que faire d'un prince pour la gouverner, avaient été brutalement assaillis et couverts de sang.

La commission exécutive semblait décidée à poursuivre avec énergie sa résolution. Comptant sur un vote favorable de l'Assemblée, elle avait adressé dans la journée à tous les préfets une dépêche télégraphique ainsi conçue :

« Par ordre de la commission du pouvoir exécutif, faites arrêter Charles-Louis-Napoléon Bonaparte, s'il vous est signalé dans le département.

« Transmettez partout les ordres nécessaires.

« Signalement de *Charles-Louis-Napoléon Bonaparte :*

« Agé de quarante ans, taille 1 mètre 66 centimètres, cheveux et sourcils châtains, yeux petits et gris, nez grand, bouche moyenne, lèvres épaisses, barbe brune, moustaches blondes, menton pointu, visage ovale, teint pâle. Marques particulières : tête enfoncée dans les épaules, épaules larges, dos voûté. »

Cet ordre d'arrestation dut être révoqué le lendemain. M. Lamartine lui-même avait compromis sa proposition en la rattachant à un incident qui, examiné de près, perdait beaucoup de sa gravité. Les coups de feu tirés sur la place de la Concorde se réduisaient à un coup de pistolet parti, disait-on, par hasard. Sur les conclusions de M. Jules Favre, et malgré un éloquent discours de M. Ledru-Rollin, l'Assemblée valida à une forte majorité l'élection de M. Louis-Napoléon Bonaparte.

Lorsque la conspiration et l'intrigue étaient flagrantes, il est bon d'analyser ce vote

Un grand nombre de représentants hostiles à la République, mais craignant d'afficher leur hostilité, regrettaient d'avoir donné, la veille, un bill d'indemnité à la commission exécutive sur une question financière et de fonds secrets. Ils essayaient sournoisement de faire tomber la commission, et surtout M. Ledru-Rollin, sur un projet qui paraissait impopulaire. D'autres, partisans plus ou moins avoués des prétendants blancs ou tricolores, froissés d'un décret de bannissement lancé le 9 juin contre les membres des deux branches royales, décret qu'ils avaient voté par couardise, se disaient qu'introduire un prince dans l'Assemblée, c'était protester sans danger contre l'exil d'autres princes, aussi peu coupables, suivant eux, des crimes de leurs parents, que le neveu de l'empereur n'était coupable de la gloire liberticide de Napoléon.

Enfin, avec M. Louis Blanc, de purs et sincères démocrates, prenant la question de haut, déclaraient que le principe démocratique était incompatible avec les proscriptions; que celles-ci feraient douter des forces de la République, en la supposant incapable de résister au choc d'une ambition personnelle.

Ainsi l'incident semblait vidé. Comme il le disait lui-même, après un exil de trente-trois ans, M. Louis-Napoléon Bonaparte voyait se rouvrir les portes de la patrie, et c'était à la République qu'il devait cette faveur inespérée; lui, le gracié de Strasbourg, le captif échappé du fort de Ham, qui traînait naguère sur la terre étrangère une de ces existences douteuses, sans but, sans horizon, sans avenir, si pénibles, nous ne dirons pas pour une grande âme, mais pour tout homme chez lequel réside encore un sentiment de dignité.

Que va faire M. Louis-Napoléon Bonaparte?

Tout obstacle est brisé. L'élite de la France, les neuf cents citoyens que le suffrage universel a jugés les plus dignes de représenter une nation généreuse, l'invitent à se rendre au milieu d'eux. Celui qui n'a dû qu'une prison à la royauté, doit à la République l'air natal et l'honneur de siéger sur les bancs législatifs. Sans doute il accourt ; la tribune l'attend. D'un mot il peut faire cesser toutes les préventions, dissiper toutes les craintes, imposer silence à toutes les hostilités, et désavouer les misérables agents d'une cause honteuse, qui l'ont compromis malgré lui dans une émeute de cabaret. Il doit bien cela d'ailleurs à cette ville de Paris qui lui a donné ses voix. Depuis huit jours, grâce aux exploits des bonapartistes de carrefour, le commerce et l'industrie ont vu leurs souffrances s'augmenter; chaque soir, des milliers de boutiques se sont fermées devant ces hommes dont la gorge avinée hurlait son nom; ce nom qui fut, pendant quinze ans, l'effroi de l'Europe oligarchique, et qui ne sert plus qu'à épouvanter de paisibles marchands.

Il n'en fut rien. Déjà M. Louis Bonaparte subissait de tristes influences, et son oreille était ouverte à de funestes conseils. Au lieu de cette politique si droite, si simple, si française, il se jette dans une voie tortueuse et provoque de nouveaux orages. Une lettre est écrite par lui au président de l'Assemblée nationale; M. Sénard en donne lecture le 14 juin :

« Monsieur le président,

« Je partais pour me rendre à mon poste, quand

j'apprends que mon élection sert de prétexte à des troubles déplorables, à des erreurs funestes.

« Je n'ai pas cherché l'honneur d'être représentant du peuple, parce que je savais le soupçon injurieux dont j'étais l'objet. Je rechercherai encore moins le pouvoir; *si le peuple m'imposait des devoirs, je saurais les remplir.*

« Mais je désavoue tous ceux qui me prêtent des intentions que je n'ai pas. Mon nom est un symbole d'ordre, de nationalité, de gloire, et ce serait avec la plus vive douleur que je le verrais servir à augmenter les troubles et les déchirements de la patrie. Pour éviter un tel malheur, je resterais plutôt en exil. Je suis prêt à tous les sacrifices pour le bonheur de la France.

« Ayez la bonté, monsieur le président, de donner connaissance de ma lettre à l'Assemblée. Je vous envoie une copie de mes remercîments aux électeurs. »

Ce coup de théâtre produit l'effet attendu. Aux mots: *Si le peuple m'imposait des devoirs, je saurais les remplir*, des cris d'indignation s'élèvent de toutes les parties de la salle. Le général Cavaignac, MM. Baune, Antony Thouret, protestent contre les termes de la lettre. M. Jules Favre s'élance à la tribune :

« Lorsque, comme rapporteur du septième bureau, dit-il, j'ai proposé l'admission du citoyen

Bonaparte, ça été dans un intérêt de justice, par respect pour le droit, et non par des considérations personnelles. Admis par vous dans des conditions telles, s'il arrive que, par une insigne folie, celui que vous avez reçu jette un insolent défi à l'assemblée dont il est membre, c'est dans nos cœurs qu'il faut puiser les moyens d'y répondre.

« Je disais avant-hier que si la participation du citoyen Bonaparte aux désordres qui avaient eu lieu était prouvée; que si l'on découvrait sa main dans les manœuvres des fauteurs d'agitation; si quelque indice grave le signalait; je disais qu'il devrait être poursuivi. La lettre qui vient d'être lue est un indice grave. Je demande qu'elle soit renvoyée au ministre de la justice, qui y donnera la suite convenable. »

L'Assemblée, sous le coup de sa légitime émotion, refusa la lecture des *Remercîments aux électeurs;* mais elle se sépara toutefois sans rien décider. Dans la soirée, ces *Remercîments,* imprimés à plusieurs milliers d'exemplaires par le comité bonapartiste, furent affichés sur les murs de Paris.

On a pu remarquer que dans la lettre adressée à l'Assemblée tout décelait un prétendant, et que le mot de République n'était pas prononcé une seule fois. La lettre aux électeurs était conçue dans un sens tout opposé.

Aux électeurs des départements de la Seine, de l'Yonne, de la Sarthe et de la Charente-Inférieure :

« Vos suffrages me pénètrent de reconnaissance. Cette marque de sympathie, d'autant plus flatteuse que je ne l'avais point sollicitée, vient me trouver au moment où je regrettais de rester inactif, alors que la patrie a besoin du concours de tous ses enfants pour sortir des circonstances difficiles où elle se trouve placée.

« Votre conduite m'impose des devoirs que je saurai remplir : nos intérêts, nos sentiments, nos vœux sont les mêmes. Enfant de Paris, aujourd'hui représentant du peuple, je joindrai mes efforts à ceux de mes collègues pour rétablir l'ordre, le crédit, le travail; pour assurer la paix extérieure, pour consolider *les institutions démocratiques*, et pour concilier entre eux les intérêts qui semblent hostiles aujourd'hui, parce qu'ils se soupçonnent et se heurtent, au lieu de marcher ensemble vers un but unique : la prospérité et la grandeur du pays.

« *Le peuple est libre depuis le 24 février;* il peut tout obtenir sans avoir recours à la force brutale. Rallions-nous donc tous autour de l'autel de la patrie, *sous le drapeau de la République*, et donnons au monde ce grand spectacle d'un peuple qui se régénère sans violence, sans guerre civile, sans anarchie.

« LOUIS-NAPOLÉON BONAPARTE. »

Londres, ce 13 juin 1848.

Si cette différence dans le fond et la forme des deux lettres n'était pas habilement calculée, si elle n'était que l'effet du trouble dans lequel les péripéties de la fortune jetaient peut-être M. Louis Bonaparte, il faut avouer que le hasard servait merveilleusement ses projets. « Vous le voyez bien, disaient les agents du comité bonapartiste aux électeurs de Paris, le neveu de l'empereur est un franc et sincère républicain; il promet à la France de consolider les institutions démocratiques; il veut rétablir, sous le drapeau seul de la République, l'ordre, le crédit et le travail; il adopte, comme l'ère nouvelle de la liberté, cette grande date du 24 février que le peuple vient d'inscrire en lettres de feu dans l'histoire... Et c'est là l'homme que l'Assemblée, qu'une assemblée de légitimistes entêtés, d'orléanistes corrompus et de républicains exclusifs, feint de faire passer pour un ambitieux sans entrailles, pour un prétendant qui voudrait ramasser dans le sang sa couronne, quand il ne demande que le titre de citoyen! »

Mais tout nous autorise à croire qu'il y avait dans ce double jeu une réflexion et une préméditation profondes. Que si l'on s'étonnait de rencontrer ces détours chez un Bonaparte, chez l'héritier de l'homme dont la volonté de fer et le caractère absolu marchaient droit au but, qui passait, pour arriver à ses fins, sur le cadavre de la République égorgée et sur le corps d'un Bourbon fusillé, nous répondrions que cette obliquité était toute dans ses précédents. Louis-Napoléon, en 1848, était encore le personnage de 1840; ses lettres de Londres étaient écrites de la même encre qui avait tracé les proclamations de Boulogne. « On y retrouvait ce singulier mélange de prétentions héréditaires et d'invocations révolutionnaires, d'hommage à la souveraineté du peuple et de traditions dynastiques, qui se représentent dans tous les actes et dans toutes les paroles de M. Louis Bonaparte; un langage de prétendant et de citoyen, de confiance et d'humilité, qui, dans les occasions difficiles, fait de sa pensée une perpétuelle équivoque (1). »

Le coup était porté. D'une part, on avait mis l'Assemblée dans la nécessité de prendre une mesure extrême; d'autre part, on fouaillait l'opinion, on excitait sa curiosité, son intérêt; on rendait certaine une réélection. La comédie avait été conduite de main de maître; le public, ce public français si généreux, si facile à se laisser prendre aux sem-

(1) Élias Regnault, *Histoire de dix ans.*

blants de persécution, commençait à s'intéresser vivement au proscrit. Le dénoûment fut précipité. Avant que l'Assemblée eût le temps de discuter la motion de M. Jules Favre, à l'ouverture de la séance du 16 juin, la lettre suivante fut remise au président Sénard par une personne qui déclarait avoir quitté Londres la veille même :

« Monsieur le président,

« J'étais fier d'avoir été élu représentant du peuple de Paris et dans trois autres départements. C'était à mes yeux une ample réparation pour trente années d'exil et six ans de captivité; mais le soupçon injurieux qu'a fait naître mon élection, mais les troubles dont elle a été le prétexte, mais l'hostilité du pouvoir exécutif, m'imposent le devoir de refuser un honneur qu'on croit avoir été obtenu par l'intrigue. Je désire l'ordre et le maintien d'une République sage, grande, intelligente; et puisque involontairement je favorise le désordre, je dépose, non sans de vifs regrets, ma démission entre vos mains.

« Bientôt, j'espère, le calme renaîtra, et me permettra de rentrer en France comme le plus simple des citoyens, mais aussi comme un des plus dévoués au repos et à la prospérité de son pays.

« Recevez, monsieur le président, l'expression de mes sentiments distingués.

« *Signé :* LOUIS-NAPOLÉON BONAPARTE. »

Cette lettre excita sur les bancs de l'Assemblee une surprise générale, et les représentants passèrent à l'ordre du jour sans débats aucuns.

L'attitude de la presse fut à peu près unanime. Dans les deux camps, chez les royalistes comme chez les républicains, de sévères conseils, j'allais dire leçons, furent donnés à M. Louis Bonaparte, qui dut croire un instant, à la lecture des feuilles publiques, que la partie était perdue pour lui :

« A quoi peut aboutir l'attitude que vient de prendre M. Bonaparte? disait un de ces journaux, défenseur du principe monarchique. — A une réélection; cela n'est pas douteux. Mais après ce nouveau triomphe, et quand la chambre l'aura admis dans son sein, en quoi sa situation aura-t-elle changé?

« Que M. Louis Bonaparte se présente alors à la chambre, soit comme simple représentant, soit en dissimulant un but plus ambitieux, il sera toujours en demeure de se dessiner enfin. Dans le premier cas, son rôle deviendra ce qu'il peut devenir (nous ne préjugeons rien); dans le second, il le rendrait bien vite odieux à l'Assemblée, à la nation tout entière.

« Ainsi, des deux côtés, l'Assemblée a placé M. Louis Bonaparte dans la nécessité d'une initiative quelconque. C'est cette initiative forcée qui doit dissiper avant peu le fantôme dressé depuis quelques jours sur nos têtes. Jusque-là nous continuerons à assister à la comédie jouée devant la France, comédie qui pourrait s'intituler : *Ni citoyen ni prince.* »

Une feuille, organe des intérêts de la démocratie, s'exprimait ainsi :

« Louis Bonaparte a-t-il compris ce qu'il y a de ridicule dans ses prétentions, ou bien est-ce un nouveau jeu pour engager la partie?... Ceux qui ont été un instant séduits comprendront que de pareilles tentatives sont contraires au sentiment républicain. Ils se retireront de l'enrôlement où on les a fait entrer par surprise, et ce nouvel essai du *prince* n'aura pas plus de conséquence que ses échauffourées de Strasbourg et de Boulogne. »

On lisait dans un autre journal cette apostrophe à l'Assemblée constituante :

« Pauvres législateurs, rassurez-vous ! César est mort à Sainte-Hélène, et ses cendres dorment aux Invalides, au milieu de ses compagnons de gloire ! L'aigle n'a pas laissé d'aiglon. Encore une fois, rassurez-vous. Si l'ambition d'un homme osait menacer la République, qu'il fût neveu d'empereur, bourgeois, soldat, enfant du despotisme et de la réaction, ou fils dénaturé de la démocratie, le peuple est là, le peuple qui a fait ses preuves, qui ne légifère pas, lui, mais qui va plus vite en besogne, dans son jour de séance extraordinaire, que vous dans toute une session. Le peuple renverrait le prétendant à la frontière par un décret supérieur à tous les décrets rendus par ses représentants. »

Enfin, *la Patrie* écrivait ceci, le 18 juin :

« La lettre que Louis Bonaparte a adressée hier à l'Assemblée nationale pour donner sa démission de représentant du peuple ne manque pas d'une certaine dignité, et, quand on la compare à celle de la veille, on se demande si c'est bien le même homme qui a écrit les deux lettres. Tout porte à croire qu'à l'occasion Louis Bonaparte peut trouver un secrétaire précieux et des conseils habiles. En effet, dans la situation présente, la démission de Louis Bonaparte est un acte de grande habileté.

« Mais que les populations ne s'y laissent pas tromper. Lors même que les intentions personnelles de Louis Bonaparte seraient exemptes de toute ambition, son parti, quelque peu nombreux qu'il soit, n'en continuera pas moins à agir, et se félicite, nous en sommes certains, de la popularité nouvelle que Louis Bonaparte doit conquérir par sa seconde lettre.

« Dans les élections nouvelles qui vont avoir lieu, plus tard, lorsqu'il s'agira de nommer un président de la République, le parti de Louis Bonaparte ne manquera pas de mettre tout en œuvre pour agir sur les populations des campagnes, que nous ne cesserons de prémunir contre un fâcheux entraînement. On fera valoir aux électeurs l'abnégation sublime de Louis Bonaparte, qui, plutôt que de nous apporter la guerre civile, se résigne à un exil volontaire. On rappellera ce titre de « simple citoyen, » le seul revendiqué par le héros de Boulogne dans sa seconde lettre.

« Espérons que le bon sens populaire ne se laissera pas prendre à ces menées habiles. Le langage de Louis Bonaparte est celui que tous les prétendants passés, présents et futurs ont tenu et tiendront en exil; mais, comme le dit le bonhomme La Fontaine :

> Laissez-leur prendre un pied chez vous,
> Ils en auront bientôt pris quatre.

« Si la candidature de Louis Bonaparte à la présidence de la République venait à se produire, que les électeurs des villes, et surtout ceux des campagnes, qu'on égare plus facilement, y prennent garde. On n'épargnera rien pour leur présenter le fils de la reine Hortense comme un simple citoyen, s'étant résigné volontairement à l'exil, plutôt que de faire couler une goutte de sang français. On leur citera cette fameuse phrase : « Si le peuple m'im- « posait des devoirs, je saurais les remplir. » Mais on se gardera bien de leur dire qu'à certains jours, les ambitieux qui prétendent agir au nom du peuple n'agissent qu'au nom d'une petite fraction qui entraîne par surprise le reste des populations.

« Que les électeurs résistent à leur sympathie pour la mémoire de l'oncle, si ces sympathies doivent jamais servir les calculs du neveu.

« La majorité de la France veut aujourd'hui la République. Le CITOYEN Louis Bonaparte, qu'on ne l'oublie pas, cachera toujours le PRINCE Louis-Napoléon. »

Puis le silence se fit autour du nom des Bonaparte, et des heures de deuil sonnèrent pour la République. La brusque dissolution des ateliers nationaux, provoquée, demandée à la tribune par MM. de Falloux et Léon Faucher, hâta l'explosion d'un orage qui se formait depuis le 4 mai dans les profondeurs populaires. Le peuple, le lendemain du 24 février, avait vu une telle unanimité chez tous les hommes éminents de l'ancien pays légal à reconnaître que la révolution de 1848 devait radicalement et prochainement améliorer son existence; tant de professions de foi des candidats à la représentation lui avaient répété que cette révolution était plus encore sociale que politique; de si solennelles promesses de réformes lui avaient été faites par ceux qui briguaient l'honneur du mandat législatif, qu'il s'était naïvement figuré que le jour de la réunion de l'Assemblée constituante serait la date précise de sa définitive émancipation. Un mot alors avait été dit, un de ces mots historiques qui sortent des masses comme sort d'une forêt agitée par le vent la grande voix des chênes : *Le peuple a trois mois de misère au service de la République!* L'échéance fatale était arrivée, et le peuple ne voyait point venir cette réforme toujours attendue. Les représentants de la France, égarés dans de stériles et vaines discussions, semblaient manquer à la tâche du suffrage universel. Soudain eut lieu cette prise d'armes à jamais douloureuse, sur laquelle la démocratie versera longtemps des larmes, et la guerre civile fit aux flancs de la patrie ces larges blessures qui saignent encore après trois rudes années. Le soleil de juin éclaira une lutte fratricide. Loin de nous la pensée d'enlever à ces terribles événements leur caractère indélébile! Impérissable, imprescriptible, seule et grandiose Providence de l'humanité, le Progrès n'a que faire des subterfuges pour asseoir son empire; sa cause éternelle peut avouer et reconnaître les désastres d'une journée, les fautes, les erreurs, l'égarement funeste de quelques-uns, sans craindre d'en être amoindrie. Il n'en est pas moins vrai que des factions étrangères au drapeau de juin se mêlèrent aux combats de ces heures néfastes. Des publications du temps, qui n'ont point été démenties dans leurs récits, ont constaté que, tandis que le légitimisme apparaissait dans le faubourg Saint-

Antoine derrière les barricades, sur un autre point de la capitale des indices révélaient l'intervention du bonapartisme. Ainsi, dans le faubourg Saint-Jacques, un mot d'ordre donné par quelques insurgés indiquait suffisamment leur couleur. Ce mot d'ordre était ainsi conçu : *J'arrose le peuplier du maréchal.* Sur l'emplacement où a été fusillé le maréchal Ney, s'élève en effet un peuplier. Il n'y avait que d'anciens serviteurs, de vieux soldats de l'empire qui pussent trouver un mot d'ordre semblable.

Hâtons-nous de répéter ici ce que nous disions plus haut à propos des troubles qui précédèrent et suivirent l'élection du 8 juin. Dans tous les partis, il y a des actes qu'on pourrait appeler impersonnels, qui naissent d'une situation et ne proviennent point de l'initiative individuelle. Mais tant pis pour les chefs de parti dont le drapeau n'a pas été placé par leurs soins à une telle hauteur, qu'il ne puisse être taché par les factions qui s'agitent en bas.

Résumons ce qui précède et soyons généreux. La République, après tout, aime à s'entourer de sympathies, et douloureuse est son âme quand elle trouve un ennemi là où elle cherchait avec confiance un soutien de plus. Nous avons expliqué la conduite des orléanistes et des légitimistes devant la Révolution de 1848. Tenons pour sincères et loyales les bonnes paroles que M. Louis Bonaparte adressait à la République; oublions les mauvaises; oublions que le prétendant déjà se montrait derrière l'exilé, peut-être à son insu et malgré lui.

A cette révolution, qu'on n'appelait point encore ni une *surprise*, ni une *catastrophe*, ni un *abîme*, M. Louis Bonaparte déclarait, nous l'avons entendu :

Qu'il s'honorait d'avoir pris deux fois les armes contre le gouvernement de Louis-Philippe (lettre du 24 mai 1848);

Que la France n'était l'apanage ni d'un homme, ni d'une famille (id.);

Qu'il défendrait au besoin contre les factions l'Assemblée constituante sortie du suffrage universel (id.);

Qu'en présence de la souveraineté nationale, il ne réclamait que ses droits de citoyen français (id.);

Qu'il préférait l'exil à la douleur de voir son nom servir à augmenter les divisions de la patrie (lettre du 13 juin);

Qu'il entendait consacrer ses efforts à la consolidation des institutions démocratiques (lettre aux électeurs, du 13 juin);

Que le peuple n'était libre que depuis le 24 février (id.),

Et que tous les partis devraient se réunir sous le drapeau de la République (id.).

Telle fut l'attitude de M. Louis Bonaparte devant la révolution du 24 février. On ne m'accusera point de calomnier les intentions, quand je ne veux que montrer les actes. M. Louis Bonaparte était donc républicain en 1848.

CHAPITRE II.

Louis Bonaparte est réélu à l'Assemblée Constituante. — Son arrivée à Paris. — Admission et discours. — La Constitution; question de la Présidence. — Proposition d'exclusion contre les membres des anciennes familles régnantes. — Protestations embarrassées de M. Louis Bonaparte. — Situation de la France après le vote de la Constitution. — La réunion de la rue de Poitiers. — Ouvertures faites au général Cavaignac. — Un mot de M. de Falloux : *Elire le prince Louis, c'est en finir avec la République.* — Opinion de George Sand. — Propagande bonapartiste. — Les *quarante-cinq centimes.* — Embarras financiers du comité directeur de la place Vendôme. — L'emprunt anglais. — Les orléanistes et les légitimistes se rallient à la candidature de M. Louis Bonaparte; pourquoi. — Les quatre candidats. — Portraits de MM. Ledru-Rollin, Raspail, Cavaignac et Louis Bonaparte. — Le manifeste. — M. Thiers et M. E. de Girardin. — Election du 10 décembre. — Séance du 21; proclamation du Président de la République française. — Le serment. — Formation du 1er ministère de la présidence; exécution des engagements; M. Odilon Barrot à la justice, M. Falloux à l'instruction publique. — Ce que signifiait l'élection du 10 décembre. — Du régime impérial, des idées napoléoniennes et des besoins actuels de la France. — Les traités de 1815, l'amnistie, le parti prêtre et le suffrage universel.

Cependant de nouvelles élections se préparaient pour le 17 septembre. La fraction la plus avancée de l'armée démocratique avait choisi trois noms qui étaient l'expression la plus radicale de la Révolution de 1848. En politique, lorsqu'un parti repousse systématiquement et par voie d'ensemble toutes les idées de ses adversaires, ceux-ci se doivent à eux-mêmes et aux principes qu'ils défendent d'élever l'affirmation à la hauteur de la négation. Aux anciens royalistes qui présentaient au scrutin de la capitale MM. Fould, Roger (du Nord) et Bugeaud, les assemblées populaires opposèrent MM. Thoré, Cabet et Raspail. D'autres candidats étaient encore offerts aux suffrages par des comités intermédiaires, par des organes influents de l'une et l'autre couleur : MM. Kersausie, Émile de Girardin, Edmond Adam, Delessert, etc. Cette fois encore, le nom de M. Louis Bonaparte se produisit sous le patronage du général Piat, colonel de la 4e légion de la banlieue. D'ailleurs la situation était telle qu'au 8 juin, même attitude indifférente ou hostile des journaux, mêmes manœuvres de la part des agents bonapartistes. Un membre de l'ex-gouvernement provisoire, frappé par un vote de l'Assemblée nationale, s'était réfugié à Londres. L'exil de M. Louis Blanc continuait cette série d'éliminations judiciaires ouverte à la suite du 15 mai, et qui devait s'étendre de proche en proche et enlever peu à peu à la démocratie ses plus fermes défenseurs. Alors on répandit le bruit, dans les faubourgs, que depuis son arrivée à Londres, M. Louis Blanc ne quittait pas M. Louis Bonaparte (1), qu'il avait écrit à tous les présidents de clubs pour leur recommander la candidature du prétendant, et que, d'après ses conseils, on devait

(1) M. Louis Blanc démentit ces imputations calomnieuses dans une lettre adressée de Londres au journal *la Réforme*, à la date du 12 septembre.

mettre le nom de Louis Bonaparte à la place de celui de Kersausie, de Cabet ou de Raspail.

Le dépouillement des votes, à l'Hôtel-de-Ville, donna les résultats suivants :

Louis Bonaparte 110,752 suffrages,

Fould 78,891,

Raspail 66,963 :

Un socialiste, un conservateur monarchique, et à leur tête, par le nombre de voix qu'il avait obtenu, ce candidat hybride, que tous les partis repoussaient; ni rouge ni blanc, ni républicain ni royaliste; mystérieux comme un écho, insaisissable comme un Protée; légende vivante, où le merveilleux le disputait à l'absurde, où l'excès des faiblesses humaines touchait à l'audace épique, où les caractères descendaient des sommets lumineux du génie aux limbes de la naïveté; commençant par une odyssée, à Marengo, pour finir par une batrachomyomachie, à Boulogne.

Jamais, on peut le dire, l'anarchie sociale, produit de tant de révolutions avortées, de tant de déceptions politiques, de tant de souffrances et de leurres jetés au peuple en échange de son travail et de son dévouement sublime; jamais l'anarchie sociale ne s'était montrée aussi flagrante que dans l'élection du 17 septembre.

Quelques jours après, M. Louis Bonaparte entrait incognito à Paris, et venait choisir sa place sur les bancs de l'Assemblée nationale. L'Yonne, la Charente-Inférieure, la Moselle et la Corse lui avaient, en même temps que la Seine, confié le mandat populaire. Le 26 septembre, au moment où le président, M. Marrast, proclamait le nouvel élu, on vit monter à la tribune un homme jeune encore, petit de taille, de tournure anglaise, et dont les traits ne rappelaient rien du type impérial; il tenait un papier à la main, et lut ce qui suit avec une émotion mal contenue. Son accent rappelait son exil.

« Citoyens représentants, il ne m'est pas permis de garder le silence après les calomnies dont j'ai été l'objet. J'ai besoin d'exprimer ici, hautement et dès le premier jour où il m'est donné de siéger parmi vous, les vrais sentiments qui m'animent et m'ont toujours animé. Après trente-trois années de proscription, je retrouve enfin ma patrie et tous mes droits de citoyen! La République m'a fait ce bonheur; *que la République reçoive mon serment de reconnaissance*, *mon serment de dévouement*, et que les généreux compatriotes qui m'ont porté dans cette enceinte soient certains que je m'efforcerai de justifier leurs suffrages, en travaillant avec vous au maintien de la tranquillité, ce premier besoin du pays, et au développement des institutions démocratiques que le peuple a le droit de réclamer.

« Longtemps je n'ai pu consacrer à la France que les *méditations* de l'exil et de la captivité. Aujourd'hui la carrière où vous marchez m'est ouverte. Recevez-moi dans vos rangs, mes chers collègues, avec les mêmes sentiments d'affectueuse confiance que j'y apporte. Ma conduite, toujours inspirée par le devoir, toujours animée par le respect de la loi, prouvera, à l'encontre des passions qui ont essayé de me noircir, pour me proscrire encore, que nul ici plus que moi n'est résolu à se dévouer à la défense de l'ordre et à l'affermissement de la République. »

Cette déclaration fut accueillie par un silence glacial; une seule voix essaya de réveiller les esprits et de dissiper les défiances, en poussant le cri de : *Vive la République !* Mais il y eut sur tous les bancs comme une révélation de l'avenir, et pas un écho ne répondit à cette provocation à l'enthousiasme.

En ce moment l'Assemblée nationale avait entamé la grande affaire de la Constitution. Le pouvoir législatif était fondé ; il se composait d'une chambre unique, nommée par le suffrage universel et direct; restait à résoudre la question du pouvoir exécutif. Trois systèmes étaient en présence. Les uns repoussaient l'institution même de la présidence, proposée par le projet de constitution. Ils voulaient un Conseil des ministres révocable à volonté par l'Assemblée, émanant d'elle et dans une entière dépendance : c'étaient les républicains radicaux, les démocrates purs; les autres inclinaient pour un président, mais ils étaient d'avis que ce président fût nommé par l'Assemblée, sans que celle-ci toutefois pût le révoquer; parmi ces derniers, il y avait quelques républicains formalistes et beaucoup de parlementaires de l'école de 1830; enfin, venaient les partisans d'une présidence réelle, effective, puissante dans son origine, libre dans ses allures, issue du suffrage universel, et tenant directement du peuple le pouvoir exécutif.

Chacun de ces systèmes fut développé longuement à la tribune.

La société, disaient les adversaires de la présidence, suit les mêmes lois que l'individu, et de même que le corps ne saurait avoir deux têtes, la société ne saurait avoir deux pouvoirs : un pouvoir exécutif indépendant du pouvoir législatif, c'est l'anarchie ou la royauté; un président nommé par le suffrage universel aurait une puissance énorme et serait un danger permanent pour les institutions démocratiques. En cas de conflit avec l'Assemblée, ne pourrait-il pas dire aux députés : « Je suis plus élu que vous, je représente plus de

« suffrages que chacun de vous; la souveraineté « du peuple éparpillée sur vos sept cent cinquante « têtes est tout entière concentrée sur la mienne.» Les masses se passionnent peu pour les êtres de raison qu'on nomme majorités parlementaires, et si on identifie leurs droits à une individualité, elles pourront se laisser entraîner un jour sur la pente du despotisme. On cite les États d'Amérique; mais qu'est-ce que la république des États-Unis? Une république faite à la hâte, une république composée de parties hétérogènes, de parties insolidaires les unes des autres. En Amérique, c'est la fédération qui existe; en France, au contraire, c'est l'unité par excellence. Le président, en France, tendrait bientôt à absorber tous les pouvoirs et à faire de la République une monarchie déguisée. Aux États-Unis, où la désagrégation des pouvoirs est un danger, nous comprenons la présidence; en France, où le péril est dans la concentration de ces pouvoirs, nous ne comprenons qu'une assemblée. Ainsi parlaient les adversaires de la présidence.

« Citoyens, s'écriait M. Félix Pyat dans la séance du 5 octobre, un président c'est un roi électif; par conséquent c'est un roi plus terrible, plus dangereux que les autres. Tout pouvoir divisé doit périr, ne l'oubliez pas; ne divisez donc pas le pouvoir. »

Si le peuple nomme le président, ajoutait M. de Parieu, un des hommes nouveaux mis en lumière par la Révolution, quelle carrière ouverte aux partis, quelles luttes immenses! Ce ne serait plus une élection, ce serait la guerre civile. On aurait beau dire : C'est un président qu'il faut nommer, combien diraient ou penseraient : C'est un empereur, c'est un roi! Croirait-on avoir borné l'ambition du pouvoir exécutif en bornant ses attributions, sa durée? On irriterait une ambition qu'on ne satisferait pas.

M. de Parieu voulait un président choisi par l'Assemblée; il se ralliait à un amendement présenté dans ce sens par M. Leblond (de la Marne) et soutenu par le ministère de M. Cavaignac. Mais si ce dernier système était adopté, où serait alors cette séparation des pouvoirs législatif et exécutif solennellement annoncée par la Constitution elle-même (art. 19)? « La séparation des pouvoirs est « la première condition des gouvernements libres. » Ne savait-on pas que tout pouvoir nommé est dans l'absolue dépendance de ceux qui le nomment? qu'un président commissionné par la chambre ne serait jamais qu'un délégué de la chambre? Et s'il n'était élu qu'à dix voix, qu'à vingt voix de majorité, quelle autorité morale aurait-il pour conduire des négociations, pour administrer, pour parler au nom d'une grande nation, pour répri-

www.ingramcontent.com/pod-product-compliance
Lightning Source LLC
LaVergne TN
LVHW010041230826
846091LV00005B/1810

* 9 7 8 2 0 1 1 7 5 5 2 7 8 *